거울상 이성질체

거 울 상
이 성 질 체

양동림 시집

한그루

自序

바다에 밥 한술 던지는 마음으로

오늘도 바다는 밀려갔다 밀려오고
찰랑찰랑 소리를 냅니다
보는 사람 없어도 왔다 가고
듣는 사람 없어도 찰랑거립니다
나의 시 한 편이 망망대해에 던져진들
바다의 수위를 높이진 못하겠지만
어느 물고기의 양식이 되거나
흔들리는 수초의 거름이 되거나
조금이라도 이 바다에 뭔가를 보태고 싶은 마음으로
혹 밑바닥에 눌어붙어 오염물이 되지 않기만 바랄 뿐

차례

1부   12   거울상 이성질체
거울상   14   거울 속 그 사람
이성질체 16   닮은 듯 다른 우리

19   달팽이

21   두루마리휴지

22   줄 1

23   줄 2

24   데칼코마니

2부   28   내가 좋아하는 화가
당신은   30   유리창
물이다   31   당신은 물이다

32   물수제비

34   혀 1

35   혀 2

36   혀 5

	37	푸아그라
	38	운전 1
	39	운전 2
	40	운전 3
	42	선글라스
	43	백야白夜
	44	구름을 알려주세요
	46	귓속말
	48	이력서
	50	선착순
	52	송곳
3부	54	사면초가
꿈의	56	제식훈련
나라	58	감저에 싹이 나서
	60	꿈

	62	하나인데 둘인 나라
	64	내가 꿈꾸는 나라
	66	꿈의 나라
	69	그것만이 내 세상
	70	하얀 지팡이 나라

4부
북극성

80	부모
83	아침 8시
84	겨울나무
86	올레
88	슬픈 안부
90	빈자일등貧者一燈 1
91	빈자일등貧者一燈 2
93	빈자일등貧者一燈 3
95	빈자일등貧者一燈 4
96	빈자일등貧者一燈 5

	97	빈자일등貧者一燈 6
	98	빈자일등貧者一燈 7
	100	북극성

5부	102	도시어부 1
하늘의	104	도시어부 3
법정	105	도시어부 4
	106	도시어부 5
	107	꽃 1
	108	꽃 2
	110	하늘의 법정

| **해설** | 114 | 벽시壁詩의 시대를 걸어가는 시인 |
| | | _ 조미경(소설가) |

1부

거울상 이성질체

거울상 이성질체

같지만 다른 것이고 다르지만 같은 거라는
네 말은
화학시간의 거울상 이성질체처럼
좀처럼 이해되지 않지만
같은 듯 다른 사람과
다른 듯 닮은 사람이 살아가는 곳에
너와 내가 서 있다는 것쯤은 안다

너는 손거울 속에서
반대편에 있는 나를 봤다고 했다
모두가 오른쪽으로 달려갈 때
왼쪽으로 걸어가는 닳아빠진 구두 뒤축도
거울로 비춰보면 전혀 문제가 안 된다고 했다

네가 날마다 들여다보는 거울 안에서
나는 무거운 새벽을 끌며 오른쪽으로 걸었겠지

왼손으로 악수하고
왼쪽으로 가르마를 타는 사람들과 멀어지면서
왼뺨에 패인 우물 안, 살짝 고인 어둠을
왼쪽 눈동자로 흘겨보는 사람들과
등으로 마주하면서

어느 쪽이 거울 밖 세상이고
어느 쪽이 거울 안 세상인지
좀처럼 알 수 없는 네 말에서
어우러진다는 것을 감각하는 게
얼마나 어려운 것인지
왼손으로 고백한다

거울 속 그 사람

그를 만납니다
하루를 시작하면서
그의 표정을 보고
그의 매무새를 보고
그를 통하여 나의 마음을 다잡아 봅니다

그를 만납니다
그에게 오늘 하루를 꺼내 놓습니다
잘 보냈다고
힘든 일 있었다고
그는 굳이 내가 말하지 않아도
마음을 들여다보듯 알고 있습니다

그는 항상 나와 같은 모습으로 맞아줍니다
오른손을 내밀면 왼손을 내밀어 맞댑니다
웃으면 같이 웃어주고

울면 같이 울어줍니다
원하면 언제든 맞아주고
등 돌려 나가도 미련 없이 보내줍니다
거울 속에 사는
그는 상담의 달인입니다

닮은 듯 다른 우리

나는 노동을 한다
그는 운동을 한다
임시 공휴일
대체 휴일
그는 유급 휴일 공 치러 가는 날
나는 무급 휴일 공치는 날

그는 운동을 하고
나는 노동을 한다
그의 땀냄새는 향기롭고
나의 땀냄새는 끈적끈적하다
그의 몸은 운동으로 다져져 나올 데 나오고
들어갈 데 들어가 볼륨업이고
나의 몸은 노동에 짓눌려 나온 데만 나와
배만 볼록 배불뚝이다

그는 비싼 음식집 찾아 맛을 즐기고
나는 저렴한 집을 찾아 배를 채운다
그가 칵테일을 곁들이며 품위 있게 먹을 때
나는 막걸리에 김치 찢으며 배불리 먹는다
그가 다음 생을 생각하며 기도 드릴 때
나는 지금 생에서 벗어나기를 기도 드린다

나는 노동을 하고
그는 운동을 한다
나는 사회운동을 하고
그는 선거운동을 한다

나는 역사의 수레바퀴를 돌리고
그는 달리는 역사에 올라타 그냥 흔들린다

오늘도
나는 노동을 하고 땀을 흘리고
그는 운동을 하고 땀을 흘린다

달팽이

달팽이를 봤어요
어제는 푸른 똥
오늘은 빨간 똥
형형색색 똥을 싸는 달팽이를 봤어요

해외 순방 나갈 때도 변기를 갖고 간다는
나라님의 기사를 봤어요
당신들이 먹는 것은 뉴스로 본 적 있으나
꼭꼭 숨어서 싸는 것은 보질 못했으니
너무 궁금해요

냄새난다고 당신이 가지 않는 재래시장에서
배를 채우는 내가 싸는 똥
고급진 식당에서 맛깔스러운 요리 먹어 싼 똥
막걸리 한 사발 곁들인 나의 똥과
고급 와인 곁들여진 똥이 어떻게 다른지

달팽이였다면 알 수 있을 것 같은데

나의 한 달치 피똥 싼 월급을 계산하는
당신의 똥은
무슨 색일까요?

두루마리휴지

연필은 까만 심이 제 할 일을 하지만
휴지는 심만 남으면 버려진다
반찬은 반찬통에 있을 때
존재감이 있지만
휴지가 휴지통에 있을 땐
버려진다
할 일이 끝난 것이다
침은 입속에 있을 때는 나의 일부지만
입 밖으로 나오는 순간
세상에서 제일 더러워진다

세상이 부를 때마다 조금씩
제 살을 떼내 더러운 세상 닦아주다가
뼈대만 앙상하게 남아 수명을 다하는
휴지 같은 사람들에게
누가 침을 뱉느냐

줄 1

동네식당 앞에 긴 줄이 늘어섰다
맛있다고 소문이 났다
반나절 기다리고
30분이면 먹고 돌아간다
한 끼 먹고 돌아가면 하루가 저문다

공원에 줄이 길다
무료 배식한다고 아침부터 줄을 섰다
반나절 기다리고
짧은 한 끼를 먹고 나면
다시 내일을 기다려야 한다

맛도 모르고
배곯지 않으려 먹은 한 끼
소화돼 버릴까 봐 일찍 잠자리에 든다

줄 2

오픈런이라는 뱀이 있다
에덴동산에서 하와에게 다가가
선악과를 가리키며
아담과 같이 얼른 먹어
유혹하는 뱀이 있다
빨리 서둘러야 해
늦으면 없어
조곤조곤 유혹하는 뱀이 있다
처음엔 아주 작았지만
유혹은 점점 몸뚱이를 불리고
꼬리에 꼬리를 이어
어느새 에덴동산의 고목을
칭칭 감고 있었다
아담과 하와도 뱀의 꼬리가 되어
머리가 이끄는 대로 움직이고 있다

데칼코마니

쌩쌩 차들이 달린다
곳곳에서 마주치는 빨간색 숫자들
최고속도 80, 90
가끔은 30, 50
모두들 달린다
최고속도가 아니라
최저속도로
가끔은 훌쩍 건너뛰어
자동차 계기판이 맞게 작동하는지
시험한다 200, 혹은 250

오늘도 재건축 아파트 현장으로 달려간다
집에서 곤히 자는 가족들을 생각하며
지친 다리 무거운 어깨도
하늘 한번 쳐다보고 힘을 낸다
국회에서 설왕설래하고

각종 언론에서 적정하다 아니다
말이 많은 최저임금
더 준다고 딱지 끊는 것도 아닌데
딱 그만큼이다
자기들은 한 달 밥값, 자녀 용돈으로
턱도 없는 액수라고 하면서
더는 못 준다 딱 금을 긋는 최저임금

2부

당신은 물이다

내가 좋아하는 화가

내가 좋아하는 화가는
오늘도 세상을 향해 망치질합니다

하얀 도화지 대신 광목천을 사고
물감 대신 페인트를 사고
미전에는 한 번도 내보지 못한
걸개그림만 그려서 광장에 내걸다가
그의 꿈인지 부모님의 꿈인지 모를
교사의 꿈은 이루지 못하고
건설 노동의 현장에서 세상을 조각하는
내가 좋아하는 미술학도였던 형

붓을 던지고 망치를 들고
도화지에 그리는 집 대신
하늘에 커다란 집을 그립니다
하늘이 어두워지면 페인트를 풀어

파랗게 칠하고 있는

내가 좋아하는 화가

유리창

당신과 마주 보고 있습니다
당신과 나 사이에 유리창이
점점 흐릿해집니다
가까이 다가서면 더더욱 흐릿해집니다
당신이 창문을 열고
나를 받아주지 않는다면
머잖아 안에 있는 당신은
보이지도 않을 것입니다
창 하나 사이
당신과 나의 온도 차입니다

당신은 물이다

당신의 처음을 알지 못한다
공중에 부유하는 존재들을 모두 끌어안고
맨얼굴로 낙하하는 간헐적 반성이었다가
오랜 기도에 지쳐
온몸으로 땅을 뚫고 힘차게 솟아나는 항거抗拒였다가
딱딱하고 거대하게 흐르다 서서히 녹아가는
맥 풀린 시대정신이었다가
한 해를 마감하는 가지 위에 살포시 무게를 더하는
차가운 솜털이었다가
땅 위를 구르는 거친 손등이 말끔히 씻기는
해 떨어진 저녁이었다가
반드시 돌아오리라, 잊지 말고 기다리라 해놓고
끝내 돌아오지 않는 어린 군인의 약속
그 군인의 어미이다가, 애인이다가
거대한 발전기를 돌려 도시를 깨우는 빛이었다가

물수제비

다시 찾은 신혼여행지 아우라지 강물에
조약돌을 힘차게 던져봅니다
모나지 않은 조각을 찾아
되도록 깊어 보이는 물 위로 있는 힘껏
송천과 골지천이 만나 흘러가듯
아내와 남편으로 만나 여태껏 잘 흘러왔으니
앞으로도 같이 어우러져 흘러가라고
힘차게 흐르는 물살 위로 우리 이야기를 던져놓습니다

밤이 깊을수록 별이 더 빛나듯
나의 물수제비도 물이 깊을수록 더 좋습니다
밤이 깊어가고
나의 잠도 깊게 스며들면
새근거리는 숨소리 따라
가끔은 드르렁거리는 콧소리 따라
꿈결 같은 이야기들이 스치듯 흘러갑니다

아우라지는 오늘도 여전히 흐르고
내가 던진 물수제비는 강물 위를 뛰어다닙니다

혀 1

맛을 느끼면서
혀는 점점 줄어들었다
어디를 가도 혀 짧다는 소리를 듣는다
맛을 느끼면서
배는 제 기능을 상실한다
배부르다 배고프다
본연의 감각은 사라지고
뱃살이 나왔는지
근육이 붙었는지가 관건이다
맛을 느끼면서
혀는 짧아지고
배고픈 삶을 생각할 겨를이 없어지고
맛을 따라 탐욕이 늘고
세 치 혀는 방방곡곡을 돌아다닌다

혀 2

"세상에서 가장 귀한 것은 무엇이냐?"
"혀입니다"
"그럼 가장 하찮은 것은 무엇이냐"
"혀입니다"
독사는 빗물을 받아먹고 독을 만들고
나무들은 빗물로 맛있는 과일을 만드는 법

당신이 감미롭게 뱉는 말도
돌고 돌아
혀들이 얽키고설키면
험악한 독설이 될 수 있는 법

당신의 혀는 얼마나 고귀한가?

혀 5
- **명령어**

길고 부드러운 근육덩어리
짧게 내뱉는 한 단어
혀

나태한 나에게
행동을 강요하는 한마디
혀

푸아그라

저들을 옴싹달싹 못하도록 철창에 가두어라

목은 밖으로 꺼내 놓아라

입에 호스를 끼워 물고문하고

단식투쟁 하더라도 옥수수에 콩밥

강제로 먹여라

금속관을 위까지 쑤셔 넣고라도

매일 곡물을 주입해

뒤룩뒤룩 살찌우고

부을 대로 부은 그놈의 간을 꺼내 먹거라

당신의 혀에게 행복을 안겨주거라

운전 1
- 물 흐르듯이

운전을 처음 배우던 날
아버지는 말씀하셨지
차를 운전할 때는
물 흐르듯이 해야 한단다
막히지 않게 부드럽게 흘러가듯

오늘 차를 운전하는데
물 흐르듯
공간만 생기면 스며들 듯
끼어드는 차들
짜증보다 걱정이 든다
물이 차고 넘치면 도로 밖으로
나가버릴지 몰라

운전 2
- 계기판

한 번도 가보지 못한 곳이 있고
한 번도 해보지 못한 일이 있다
겁이 많아 고속도로 운전도 못 하는
나의 차 계기판에도
엄연히 200km 눈금이 있다

내가 아무리 힘든 일을 하더라도
내가 죽을힘을 다했다 하더라도
죽을 만큼 힘들었다 하더라도
계기판은 고작 100km
아직 100km라는 커다란 여유가
나에게 남아 있음을
운전을 하면서
계기판을 보면서
아직 남아 있는 나의 능력을 본다

운전 3

누군가 계속 쫓아온다
무서워 더 빨리 달리니
그도 더 빠르게 쫓아온다
그 뒤로 한둘이 아니다
꼬리에 꼬리를 물고 쫓아온다
무서운 속도로 질주한다

도망가기 시작하면
계속 도망치는 삶을 산다
누가 쫓아와도 조금 천천히
더 느리게 삶을 살다 뒤를 보면
쫓아오는 이 없고
오히려 당신이
앞서간 흔적들을 밟아갈 뿐
앞을 보면 많은 이들이

당신을 인도해 줄 것이니
여유를 갖고 길 가시게

선글라스

선글라스를 싫어했던 것은
태양하고는 아무런 관련이 없다
색안경 끼고 보지 말라는 말 한마디에
마음이 딱딱하게 굳어버렸을 뿐
음흉스럽다느니 간첩 같다느니 하는
사람들의 입방아가 강박관념으로 작용했을 뿐
빛나는 태양은 아무 잘못이 없었다

햇빛이 강하면 창문에 커튼을 치듯
세상 모든 것들을 모두 받아 안으려 말고
편광 필름으로 필요치만 받으면 될 것을
눈 찡그리고 태양을 볼 일인가
속상한 마음으로 세상을 볼 일인가
렌즈를 통과해 들어온 태양은
적당히 빛나고 있었고
비로소 온전한 세상이 보였다

백야白夜

밤을 하얗게 새웠다
겨울밤이 길기만 한데
딸의 대학 합격 소식에 기쁘기만 한데
하얗게 보낸 밤이 벌써 며칠째
봄이 되어
저 산꼭대기 눈이 녹으면
딸이 그리던 대학에 가려면
내야 하는 등록금이 800만 원 정도
나의 두 달 치 월급이라는데
기네스 세계 기록에 소개된
'세계에서 가장 비싼 아이스크림'
셀라토의 '뱌쿠야'(백야, 白夜)

메마른 가슴이 녹아내린다

구름을 알려주세요

지금 하늘이 파란가요?
파랗다는 것은 어떤 것인가요?
혹시 하늘에 구름이 있나요?
구름을 알려주세요
한 번도 본 적이 없는 구름이 궁금하네요
하얀 구름은 포근한 솜털 같다고 하더군요
먹구름이 끼면 비가 온다고 하는데
구름은 어떻게 생겼나요?

궁금한 나에게 도우미 선생님이
솜사탕을 주더군요
솜털구름이라 했어요
달콤했어요
손으로 조금씩 뜯어먹었더니
손가락이 끈적끈적했어요

구름을 알려주세요
딱딱한가요?
말랑말랑한가요?
갑자기 나타나기도 하고
하늘에 떠다니다가
순식간에 사라진다는
구름은
어떻게 생겼는지 알려주세요

당신에게는 보이지 않지만
지금 하늘에 구름이 떠 있네요
뭉게뭉게 피어오른 저 구름은
제가 어릴 때 만지작거리던
어머니 젖가슴 닮았네요
만지면 포근해지는 그 느낌일 거예요

귓속말

바둑은 수담이라고 하는데
손으로 하는 대화란 뜻입니다
여러분들이 하는 수화처럼 손으로 이야기합니다
손짓에 몸짓을 더하여 바둑을 가르치는데
슬픈 표정으로 문 씨는 입과 귀를 가리킨다
친구의 귀에다 입을 대고
조고조곤 말하면
까르르 웃는 친구 얼굴이 보고 싶었단다
듣지 못하고
말하지 못하여
손짓에 얼굴 표정으로 말하면
스쳐 지나가는 사람들도
멀뚱히 쳐다보며 가는 게 싫었다고 했다
농아복지관에서 수업을 듣는 문 씨는
귓속말을 하고 싶다고 했다
묵묵히 바둑을 두지만

앞사람과 재잘재잘 말을 하고 싶다는
문 씨 앞에 놓인 바둑판에는
들리지 않는 바둑돌 소리가 요란하다

이력서

이력서를 쓴다
어두운 과거는 다 지우고
상처는 지우고 상 받은 것 쓴다
따놓은 자격증 찾아보고
여기서 일하고 저기서 일하고
잘한다 소리 들었던 것
하나하나 세세히 써 내려간다

학교는 어디 나왔다고 쓸까?
초등학교 중학교 고등학교
다 지우고 대학교만 쓸까?
혹시 심사위원들과 학벌로 인연 될까
다니지 못한 유치원도 다녔다고 쓸까?

살아온 반평생이

종이 한 장으로 정리되니 슬프다

구인란에 다른 것은 다 빼고

당신의 미래를 쓰세요 하는

미래설계서가 필요한 세상은 언제 오나?

선착순

달리기를 잘 못하는 123번 훈련병에게
선착순이라는 커다란 단어는
지옥의 속삭임처럼 무섭게 들렸다
뛰고 뛰고 또 뛰고
내 뒤에는 아무도 남아 있지 않았다
능력이 뛰어난 친구들은
한 번 아니 두세 번이라도 나보다 더 잘 뛸 텐데
그들은 그늘에서 힘겹게 뛰는 나를 바라보고 있었다
일부는 연민의 눈으로
몇몇은 안도감의 눈빛으로
더러는 거만한 자세로

태어난 순간 부여받은 수저의 색깔로
등수가 매겨지는 선착순의 세상
죽을 둥 살 둥 뛰어 이제 좀 쉴 만하면
다시 울려 퍼지는 소리

선착순!
지옥문 들어가는 그 순간까지
선착순! 선착순!

오늘도 열심히 달리는 당신
남보다 빨리 가야 할 종착지는
어디인가요?

송곳

송곳을 갖고 있습니다
애착인형 같은 것입니다
주머니에 넣고 다니며
만지작거릴 것입니다
꼬마 시절 지나가는 개가 달려들까 무서워
주머니에 넣어둔 작은 돌멩이 같은 겁니다
겁이 나도 주머니 속 돌멩이를 믿고
용감해지는 나였으니까요

송곳은 세상이 내게 박아댄 못이었습니다
가슴을 후벼파던 못을 빼내서 갈고 갈았습니다
주머니에 넣어두니 내 허벅지만 찔러대지만
그래도 아프니까 안심이 되는
그런 송곳을 만들었습니다
혹여 하늘이 무너지면 구멍을 뚫을
송곳을 갖고 있습니다

3부

꿈의 나라

사면초가

결국엔 전의를 상실하고
고향으로 돌아가게 될 것이다
성묘객 다녀간 묘소 주변 풀처럼
쓰러져 말라가는 모습이 그려진다
지역구 주민들이 아른거릴 것이다
상대 당 의원이 연속으로 장을 쳐온다
권위는 있으나 지략이 부족한 왕을
목숨으로 멍군하며 가로막기에는
한계가 있음을 안다
초패왕도 알고 있다
역발산기개세도 한때였음을
용산으로 천궁遷宮을 했으면
양포분할兩砲分割하듯이 당정분리黨政分利를 해야는데
모두가 용산을 지키기에 혈안이다 보니
상대의 기물은 이백 가까이 가고
그들의 기물은 겨우 백을 넘기고 있다

대책 없는 천궁을 하고

멍하니 천공만 바라보다

어느 순간 외통수에 걸릴 것이다

순리라는 게 있다

차에게는 길을 터주듯 기업하기 좋은 나라

포에게는 다리를 만들어주듯 서로 돕는 나라

마와 상에게는 멱을 터주듯

모든 백성이 편히 숨쉬는 자유로운 나라

온통 거꾸로인 세상

애꿎은 백성들의 죽음에

매일 매일 추모제가 열리는 나라

사방에서 초가가 들려온다

온 나라가 촛불을 들고 있다

제식 훈련

오른발 내디딜 때
왼팔이 앞으로 나가야 한단다
왼발!
왼발!
구령에 따라 왼발을 내디딜 때
오른팔이 나가야 하는 거야
왼발! 구령에도 오른발이 나가고
덩달아 오른팔 내뻗으면
고문관이 되는 거야
균형이 흐트러져 엉거주춤 엉거주춤
주변의 웃음거리가 되는 거야
왼발!
왼발!
구령에 맞춰 얼른 보조를 맞추고
손발을 맞추어
오른발 왼팔

왼발 오른팔

사이좋게 보조를 맞추어야

나라가 바로 서는 거야

감저에 싹이 나서

눌 속을 헤집어 꺼낸 감저를 구워 먹던 아이가
감저눌인 줄 알고 할아버지 토롱을 파헤치던
서늘한 기억이 떠오르는
주정공장

좋은 시절이 돌아와 감저에 싹이 피고
그 싹들이 이곳저곳으로 줄기 뻗어
한라산을 휘감고 넓은 태평양을 물들일 거였다
거친 땅일지라도
탄탄한 갈중이 갈적삼이 종일 함께하여
36년 억눌린 가슴들을 펴줄 것이었다
못 배운 글도 가르칠 것이었다

감저에 싹이 나서 이파리가 감저

사람답게 살고자 한 사람들

새 세상에서 함께 사는 세상 만들자 했던 사람들
초토화 작전에 사람들은 내몰리고
아무도 거두는 이 없이 꽃이 피고
뿌리내릴 곳을 찾다가
대대손손 살아갈 터전을 찾다가
산마다 들마다 해변 백사장까지
널린 백골처럼 빼때기가 되기도 하고
씨감자가 됐을 많은 감저들은 가마니에 담겨 실려와
감저눌 같은 주정공장에 쌓였었다
더러는 육지로 배 타고 가다가 수장되기도 하고
속까지 썩었다고 바로 총살당하기도 했지만
살아남은 감저들은 싹을 틔운다

산과 들에 흩뿌려졌던 감저들이
서서히 이파리를 만들고
감저에 싹이 나서 이파리가 감저

꿈

간밤에 아내가 물었다
한 20억쯤 있으면 오빠는 뭐 할래?
글쎄 한 10억으로 집을 사고
10억은 저축해두고
1년에 5천만 원씩 20년 동안
글만 쓰면서 살면 어떨까?
당신은 소설 쓰고
나는 시를 쓰며
간간이 찾아오는 사람들과
차 한잔 나누면 참 좋지 않을까?

생각만 해도 가슴 떨리는 꿈이라
손 꼭 잡고 잠에 들었는데
쓰레기통에 로또 용지가
아침 햇살처럼 찢어져 있다

아내의 기침소리가 흩어진다
밤사이 아내의 얼굴이 수척해졌다

하나인데 둘인 나라

사람들이 말했습니다
- 저의 아이가 확실합니다
반만년을 동고동락하다
경술년 국치일에 잃었던 불쌍한 아이입니다

또 다른 사람들이 말했습니다
- 저의 아이가 확실합니다
이제 새롭게 태어난 대한이입니다
옛일은 신경 안 쓰고 살아갈 아이입니다
양부모라고 자처한 이가
청와대에 성조기를 게양하며 말했습니다
- 그럼 아이를 허리에서 둘로 쪼개 나눠 가져라

어찌 자식을 둘로 갈라 죽이려 하냐고
삼삼오오 모여서 항의하고, 봉화를 올려봐도
반만이라도 가지겠다고 우긴 사람들이 윽박질러

반쪽짜리 두 아이를 가진 나라
그래도 굳세게 생명을 이어가는
하나인데 둘인 나라

진정 엄마는 누구인지 생각도 안 하고 사는
하나인데 둘인 나라

내가 꿈꾸는 나라

정류장에 사람들이 서 있다
많은 차들이 지나가지만
기다리는 차는 오지 않는다
내가 기다리는 차는 노선표도 정규 시간표에 없다
언제 어디서 출발하는지도 모른다
그렇지만 종착지는 에덴동산처럼
웃음꽃 만발한 곳이라고 알려져 있다
오늘도 기다리고 있다
한여름 정류장 뒤편을 기어오르는 능소화처럼
한겨울 바람이 멈추는 곳마다 소복소복 눈이 쌓이듯
언젠간 오겠지 하고 기다리고 있다
기다리다 지친 사람들이
하나둘 다른 곳으로 가는 차를 타고 떠난다
더 빨리 올 것 같은 정류장으로 옮겨서
기다리겠다 하지만 그들은 결국
원하지 않는 곳에서 터를 잡고 살 것이다

정류장에 서 있다

내가 가야 할 곳으로 가는 차가

조금 더디게 온다고

아무 차나 타고 아무 곳에나 갈 수는 없으니까

한여름 뙤약볕에도

한겨울 눈보라 속에서도

정류장에서 기다리고 있다

꿈의 나라

몇십 년 만의 폭설이다
새 도화지처럼 세상이 하얘졌다
이제 새롭게 그려 넣을 세상을 꿈꿨다

한산했던 정류장이 사람들로 가득하다
평소 눈길 한번 주지 않고 지나치던 곳
자기 차 타고 다니게 하지 세금 낭비하며
텅텅 빈 버스를 뭐 하러 운행하냐고
불평하던 사람들이 주머니에 손 넣고 기다리고 있다
정류장이 추우니 찬바람 막을 바람막이가 필요하다고
내일이면 잊어버릴 말을 옆 사람에게 주절거린다
기다림이 길어지자 기다리게 하는 버스를 원망한다
눈 덮인 길 위로 버스가 서서히 들어오고 있다
여러 사람이 영차영차 밀고 있다
오르막을 사람들이 기어코 밀고 올라왔다
사람들이 기다리던 버스를

가끔 오는 사람들이야 모르겠지만
절박한 사람들은 오지 않는 버스를
기다리지 않고 질퍽이는 눈길에 바짓가랑이 젖어가며
힘들게 밀고 올라왔다
이제 힘든 길은 지났으니
버스는 꿈의 나라로 갈 것이다

정류장에는 긴 줄이 늘어서 있다
힘들게 밀고 온 사람들에게 자리를 양보하는 사람 없다
불평하며 기다리던 사람들이 잽싸게 올라서
자리를 잡고 앉는다
만원 버스에 힘겹게 올라선 사람들
추위에 떨고 젖은 바짓가랑이에 물이 줄줄 흐른다
모자에 묻은 눈이 흩날리면
앉아 있는 사람들이 짜증을 낸다
항상 남의 노동에 무임승차하여 살아온 사람들

여기 이 나라에서는 저들과 같이 살지만
꿈의 나라에서마저도 저들과 살아야 하는가
하얗던 세상은 벌써 온갖 흙탕물로 얼룩졌다

그것만이 내 세상

지갑에 고이 간직한 작은 소망을 본다
띵똥거리는 대출 만기 문자들을
일거에 날려버릴 희망이
그것밖에 없다는 게 슬프다
주말마다 펴보는 로또 용지
그것마저 버려지는 더 슬픈 내 세상
그것만이 내 세상

하얀 지팡이 나라

아내의 소리에 일어나면서
잠을 깬 것은 좋은데
행복했던 꿈이 끝나서 너무 서운했어
하얀 지팡이 나라 꿈을 꾸었어
꿈이지만 너무나 좋은 세계였어
안 보이는 사람들의 사랑의 나라
어디엔가 있다는 사랑의 나라 꿈을 꾸었어

붕대로 눈을 싸매고 누워있는 나에게
혼자 걷는 법을 알게 해 준다고
아내가 말했어
천천히 점자 블록을 따라가
둥근 불록을 따라가다가
일자 블록에서 멈추는 거야
점자를 손으로 느껴보라는 아내의 말에
난간 손잡이를 만져보니

오돌토돌한 게 느껴지지만
뭐가 뭔지 도통 모르는 나는
아내의 팔꿈치를 놓을 수 없었어
혼자서는 어떤 곳도 자유롭게 갈 수 없었어

소문으로만 들리는 하얀 지팡이 나라를 찾아
물어물어 가는 길은
한양에서 열리는 잔치에 참석하러 가는
심청이 아빠처럼 무척 힘들었어
지팡이를 짚고 걸어가는데
점자 블록을 밟아도 무슨 뜻인지 모르겠고
계단 난간에 설치된 점자도
나의 손은 전혀 읽을 수 없었어
당연하지 평시에 아무도 그런 공부를 안 했으니까
사람들은 저마다 갈 길 바쁘고
인도에 설치된 각종 시설물들이 나에게 부딪혀왔어

길은 또 왜 그렇게 울퉁불퉁한지
조금 걸으면 주차장에서 차 나온다고 빵빵거렸어
너무 힘들어 주저앉아 있는데
다행히도 하얀 지팡이 나라 사람들이 데리러 와줬어
드디어 말로만 듣던 하얀 지팡이 나라에 왔어

하얀 지팡이 나라에서는
지팡이를 짚고 거리에 나서면
인도에 깔려있는 특수 블록이
지팡이를 짚을 때마다 길을 알려줘
딸이 어릴 때 공부하던 펜이 생각났어
글자를 클릭하면 소리가 나오는 게 신기했었지
횡단보도 점자 블록에 서면
신호등 색깔과 남은 시간 알리는 소리가 들려
특수 휠체어가 있는데 내비게이션 센서에
목적지만 말하면 자동으로 찾아가

자동차 전용도로만 있는 나라에 살았던 나에게
휠체어 전용도로는 무척 낯설었지만 너무 좋았어
그동안 살던 나라의 인도는
차량 진입로 만든다고 울퉁불퉁하고
여기저기 시설들이 눈이 보이는 사람들도
아차 하면 부딪힐 때 있을 거야
하얀 지팡이 나라 인도는
평평하고 어떤 장애물도 없어
길을 가면 사람들이 다가와 팔꿈치를 내어주지
지팡이를 짚고 가도 큰 불편 없지만
사람의 체온을 나누며 가면 기분이 너무 좋지

하얀 지팡이 나라에서는 원하는 사람에겐
자율 자동차를 줘
안 보이지만 운전은 쉬워
모든 상황을 이야기해주는 센서가

대화하듯 목적지로 안내해주지
사람들은 대부분 대중교통을 이용하지
승용차보다 더 큰
버스나 지하철이
휠체어를 타고 이용하기 더 편하지
이용하는 사람들의 배려심도
대중교통을 이용하고 싶게 해
한적한 시골인데
커다란 정류장이 있었어
온종일 버스도 몇 대 안 지나고
이용하는 사람도 몇 명 없는데
겨울에는 난방이 되고
여름에는 에어컨이 가동되는 커다란 정류장이 있었어
너무 의아해서 물었지
도심도 아니고 사람도 없는데 낭비 아니냐고
사람이 많고 차가 많으면

잠깐 기다리니까 필요 없을 테지만
시골엔 몇 안 되는 차를 타려고 오래 기다리니
당연히 이렇게 해줘야 한다고 말했어
소외되는 모든 사람을 배려하는
하얀 지팡이 나라였어

책을 읽을 때는 특수 장갑을 끼지
시각 장애인용 책이 있는데
장갑이 글자를 소리로 바꿔주니 들으면 돼
소리를 듣고 상상하는 게
직접 보는 것만 하겠냐만
그래도 들으며 알 수 있도록 해 주지
가게들 간판도
하얀색 지팡이를 가리키면
줄줄이 읽어주는 나라야

하얀 지팡이 나라에는
매년 10월 15일 무렵 1주일 동안
시각 장애인들을 위해 잔치를 열어
월요일부터 일요일까지
서로의 가족을 만나고
서로의 이웃을 만나 잔치를 하지
마지막 일요일 잔치를 끝내면서
큰 소리로 서로를 얼싸안으며
"어디 얼굴 좀 보자" 하고 크게 외치곤 해
그래서 사람들은 이때를 심청절이라 하더라

꿈이지만 너무도 좋은
하얀 지팡이 나라였어
파란 하늘, 푸른 바다
아름다운 사람들
보이지는 않아도

모두 느낄 수 있는

하얀 지팡이 나라를 꿈꿨어

4부

북극성

부모

1. 계엄

평온한 하루를 끝내고
잠자리에 들면서 내일을 생각하는데
아버지께서 느닷없이 물으셨다
내가 아버지로 보이니?
몇 해 전 어머니가 웬 사람에게
가스라이팅을 당했는지
이상한 행동을 해서 감옥 갔던 일이
아직 머리에서 사그라지지 않은 터라
목덜미에 식은땀이 맺혔다

2. 형제들

- 여기 계신 분은 우리 아버지가 절대 아닙니다
  자식들에게 총칼 들이미는 그런 사람이

우리 아버지일 리는 절대 없습니다

여기 계신 분은 진짜 우리 아버지가 맞습니다
전에 어머니도 이상한 행동을 해서 갈라설 때
지키지 못해 아쉬웠는데
비슷한 행동을 하는 것을 볼 때
우리 아버지가 확실합니다
빨갱이 처단 얘기하는 걸로 봐서
우리 아버지가 분명합니다

자식을 너무나 평범한 일상을 사는 자식을
빨갱이 운운하며 잡아 죽이겠다는 사람을
아버지라 우기는 형제가 있고
절대 아버지가 아니라고 외치는 형제들이 있다

나라를 팔아먹어도 어머니는

지켜야 한다고 핏대 세우던 분들이
다시 몸에 태극기, 성조기를 두르고
아버지가 어떤 행동을 하든 지킨다고 설친다
다른 형제들에겐 죽이겠다 했지만
자기들에겐 잘살게 해줄 거라 믿는 사람들이 있다

아침 8시

한 아이가 울고 있었다
닫힌 문 앞에서 울고 있었다
아이를 데려다 놓고 일터로 가는
엄마도 울고 있었다
매일매일 눈물 반 다짐 반

한 아이가 울고 있었다
10년 전 유치원에 보낸
5살 내 아이가 울고 있었다
울지 말라는 말보다
기다릴 수 있지?! 기대 반 다짐 반
엄마의 마음이 울고 있었다

겨울나무

9만 원이나 하는 뷔페 식사권으로
먹는 시늉만 하며 사진만 찍고 나오며
살찔까 봐 못 먹겠다 말하는 사람들을 보면
어머니가 생각난다
식당에 가면 아들, 딸 많이 먹으라고
자신은 배부르시다며 먹는 체 마는 체하셨다
어머니는 늘 나에게
배불리 먹고 다니라셨다
배도 좀 나오고 살쪘다는 소리가
제법 성공했다는 인사치레인 시절을 사신 어머니
젊어서는 가난해서 못 먹으셨고
나이 들어서는 이도 부실하고
창자도 부실해져 뼈마디 앙상하게
겨울나무처럼 겨울에 돌아가신 어머니
식당에 가서 잔뜩 음식 시켜 배불리 먹고는
올챙이처럼 나온 배 두드리며

서천 꽃밭에 계신 어머니께 조용히 속삭입니다
어머니 이제 제 걱정은 하지 마세요
어머니 저 배불리 먹고 다닙니다

올레

큰형이 말씀하셨다
셋형이 말젯형에게
말젯형이 작은형에게
작은형은 또 내게
더 이상 내려갈 곳 없는 수직구조
캄캄한 밤길을 걸어
동네 점방으로 라면 사러 가는 길
커다란 팽나무가 드리워진
구불구불 골목이 <u>으스스</u>했다

짓궂게 구는 형들에게서
벗어나는 길은 어머니의 그늘이었다
밭에 일하러 간 어머니
땅바닥에 퍼질러 앉아 발을 동동
어머니 빨리 와
어머니 빨리 와

어머니가 집으로 오는 올레는 길었다

지난 일 모두 추억이라
오랜만에 걸어보는 고향집 올레는
조금 더 넓어져
너무나 짧았다

슬픈 안부

누나 배가 이상해 쿵 소리 났어
누나 사랑해 그동안 못 해줘서 미안해
엄마한테도 전해줘 사랑해
3G도 잘 안 터져
나 아빠한테 간다*

4월 16일 오전 9시 35분에
발송된 문자에 답한
사랑한다는 메시지는
언제쯤 도착할까?

멀리 떨어진 남해안의 섬에서
바다를 향해 보내는 사랑한다는 메시지는
10년 동안이나 열어보지 못한 채
쌓이고 쌓여

해마다 돌아오는 4월

바짝 졸아든 미역국이 너무 짜다

＊단원고 학생, 세월호 희생자의 마지막 문자.

빈자일등貧者一燈 1
- 꺼지지 않는 촛불

오늘도 작은 등불을 켭니다
바람이 불어 흔들리지만
쇠심줄보다 더 단단한 믿음으로
심지를 부여잡습니다
등불이 점점 모여듭니다
제주에서 부산에서 광주에서
경상도 전라도 강원도 경기도 충청도
광화문을 채우고
여의도를 채우고
온 나라 방방곡곡 밝힙니다

오늘도 사람들은 불빛을 흔듭니다
가난한 사람들도
같이 살아가는 나라를 위해
생로병사 고뇌의 길 밝혀줄
작은 등불 켭니다

빈자일등貧者一燈 2
- 연등을 달다

부처님 만나러 가는 길
큰길에서부터 수많은 등을 만나며
어두운 길도 외롭지 않을 거라 나를 위안합니다
종무소에 들러 작은 연등 하나 손에 들고
비어 있는 구석자리를 밝힙니다
등은 하나이지만
부부와 아이들 모두의 염원을 담습니다
마음 같아서는 새해 첫날부터
큼지막한 연등을 가족 숫자만큼 달아
주렁주렁 한 해의 소원을 걸어 놓고
부처님 봐주세요 하련만

초파일 부처님 오신 날
부처님 만나러 가는 길
작은 등 하나 걸었지만
언제나 마음속엔 큼지막한 등불이 활활

타고 있음을 부처님은 아시리라 생각하며
잘 보이지도 않는 자리지만
마음속 꺼지지 않을 등을 걸어 놓습니다

빈자일등貧者一燈 3
- 촛불을 드는 이유

앞이 보이지 않는 내가 촛불을 든 이유는
당신을 위한 것이기도 하지만
결국은 나를 위한 것이다
나는 낮이나 밤이나 그냥 그렇지만
당신은 어두운 밤길
무심코 걷다가 나와 부딪칠 수 있으니
당신을 위한 것이기도 하지만
나를 위한 일이다
당신이 스스로 불을 밝히면 더욱 좋겠지만
어두운 길 헤쳐나갈 수 있다 장담하는
당신
밤길 조심하세요

당신은 어둠을 핑계로 나와의 부딪힘을
정당화하려 하지만

그것을 아는 나는 이렇게
촛불을 켜고 있어요

빈자일등貧者一燈 4
- 산불

추운 봄이었다
산이 뜨겁게 불타고
집마저 불붙어 사람들이
화들짝 놀라 뛰어나온 봄이었다
마음은 더욱 추운
봄이었다
눈 내리는 봄이었다

수 많은 사람들이 집을 잃고
밭을 잃고 일터를 잃은 봄
나누어줄 주머니가 없어
더욱 슬픈 봄이었다

빈자일등貧者一燈 5
- 화해의 탑

바람 불면 바람 맞고
비 오면 비 맞으며
강정에서 성산에서
평화를 위해 외치다 백발이 되고
힘센 이들이 힘없는 사람들에게
함부로 하지 말라고
어깨 걸어 같이 목책이 되고
폭력에는 목석이 되어 항거하는 주민들과
같이 고락을 나누는 신부님의 모습이
잠든 이들을 지키는 동자석처럼 우두커니 서서
바람과 이야기하고 있는 화해의 탑으로 오버랩된다
황사평이 노을에 물들어 가고 있었다

빈자일등 貧者一燈 6

초파일
아이를 데리고 절을 찾는다
부처님 오신 날
큰길부터 법당 안까지 가득한 연등에
저마다의 사연이 걸렸다
자기의 등을 찾아
자기만의 사연을 쓰는 아이를 본다
많은 사람들이 읽으며 같이 빌어주면
소원이 이루어지리라 믿으며
아이처럼 나도 소원을 쓴다
우리 아이 잘 돌봐 주세요

빈자일등貧者一燈 7
- 업장소멸業障消滅

슬픔은 아이를 철들게 한다
어린 동생 다독이며 교복처럼 상복을
차려입고 애이고 애이고 곡을 하는 아이
교실에서 차보지 못했던 완장을 두른 아이
부들부들 떨려 향조차 제대로 태우지 못하는 나를
조용히 기다릴 줄 알고
상심이 크시겠다는 위로의 말도
담담하게 마음에 갈무리할 줄도 안다
이미 다 메말라 갈라지는 가뭄 든 논처럼
쩍쩍 핏줄이 갈라지고 충혈된 눈이지만
그윽히 바라볼 여유도 갖고 있었다
먼 길 가시는 어머니 힘들지 않도록
밥 국 많이 먹어 주시고
술도 한잔 올려 달라고 한다
빈소 알림 현황판이 유난히 넓어 보이고
간단한 상주 목록이 한눈에 들어왔다

조화가 가득하던 복도도 그날따라 넓었고
전쟁터 같던 주차장도 을씨년스럽게 한가한
갑진년 2월 초이틀
이슬비가 이승이승
차마 이승을 떠나지 못하는 날

이바이바제
구하구하제
다라니제 니하라제
비리니제 마하가제
진영갈제 사바하*

* 칠불여래멸죄진언.

북극성

여기 가만히 있을게

놀다가 외로워지면

혹은 일하다 지치면

이리로 와

어디서 무엇을 하든 가끔은

여기를 기억해줘

아빠는 항상 이 자리에 있을게

5부

하늘의 법정

도시어부 1

히트!
함성 소리와 함께
챔질에 하나둘 올라오는 물고기들
나를 닮았다
나의 모든 것을 노리고 피싱질하는
도시어부들
그들은 나의 휴대폰에 미끼들을 풀어놓고
내가 미끼를 물고 은행으로 달려가길 기다린다
그들의 달콤한 미끼가 얼마나 무서운지
안다고, 안다고 하면서도 어느새
한입 베어 물고 있는 나를 본다

텔레비전에서는 각자 몇 마리나 잡았는지
월척인지, 값나가는 물건인지 자랑하는
도시어부가 방송되고 있다

그날의 조어에 대해 자화자찬하며
각종 훈장을 수여하고 수확물로 포식 중이다

도시어부 3

사내들이 웃으며 낚시를 하다 떠난 바닷가
짠내음이 몰려오는 너럭바위에
미끼로 쓰다 남은 새우들이
집단 학살당한 시체들처럼
널브러져 있다
밀려왔다 밀려가는 바닷물이
곧 바닷속으로 모두를 끌고 사라져가겠지
무자년 그추운 겨울바다처럼

순간의 손맛과
한 편의 방송을 위하여
아까운 생명들이
피싱질당하고 죽임당하는
아 제노사이드의 현장이여

도시어부 4

물속에서는 항상 그렇듯
단지 먹고살기 위하여
떠다니는 것들을 삼켰을 뿐인데
당신들의 짜릿한 손맛을 위해
죽어간다
당신들은 말하겠지
그러게 왜
앞뒤 살피지 않고 덥석 물었냐고

살기 위한 행동과
순간의 재미로 잡는 것이
동등하게 취급되어선 안 된다고 하기엔
인간의 인간을 위한
인간만의 논리에
언제나 고요한 물속

도시어부 5
- 와이파이

여기저기 아이들 모여 있다

그곳이 포인트다

와이파이가 팡팡 터지는 곳

여러 웹툰들을 낚을 수 있는 곳

유튜브를 보고

수많은 짤들을 보고

자신만의 세계에 빠져들어 있다

도시에서 여러 이야기를 낚아올리는

어린 어부들

꽃 1

꽃을 꺾었다
너무 예뻐서
그대에게 주려고
그대와 같이 보려고
예쁜 장미를 꺾었다
가시에 손이 찔렸지만
아픔보다 더 큰 기대에 설레어
꽃을 꺾었다
화병에 꽂아두고
예쁘다며 그대와 며칠을 보았다
하지만
꽃은 시들기 시작했다
한참을 더 아름다울
꽃이 시든다
당신의 관심도 시들고
나의 노력도 말라간다

꽃 2

꽃이 꽃병에 꽂혀 있다
병 위에 목을 내밀고
저마다 예쁜 꽃들을 피워내고 있다
꽃병 속에 물은 가득 있었다
서로의 가지가 길고 짧고 했지만
충분히 물이 있어서
서로가 예쁘게 피기만 하면
인정받고 오래 살 줄 알았다
같이 물을 마시고
같이 햇빛을 받고
똑같이 바람을 받으며
공평하다 생각했다

하루 이틀 사흘 날이 흐르고
어느 날
다른 가지와는 다르게 유독 나의 가지 꽃들만

시들어가기 전까지는
서로가 빨아대니 물은 차츰 줄어들고
결국에는 하나도 남지 않을 걸 느끼기 전까지는
결국 말라 버릴 것을
아직도 화려하게 피어있는
아직은 가지가 길어서
남아 있는 물을 계속 빨아대며
온 힘 불태우는 가지처럼
꽃병 속이 너무 좋았다
조금 있으면 메마른 병 속을
가득 채울 하얀 잔뿌리의 몸부림을 알기 전에는
너무나 평온한 세계였음을
뿌리조차 내다보지 못하고
말라가는 나의 짧은 가지가 미운 나였기에

하늘의 법정

1948년 8월 14일 선고 공판에서 문상길은
최후진술을 한다
인간의 법정은 공평하지 못해도
하늘의 법정은 절대적으로 공평하다

누가 죄인인가를 묻는 소리가
수색의 하늘에서
메아리로 남아 해마다 울릴 뿐
하늘의 법정을 기다리고
기다리며 흐른 수십 년 세월

백년에 한 번 꽃이 핀다는
대나무 꽃이 피면
백년마다 열리는
하늘의 법정이 열린다는데
세월이 이상해 옛 집터 돌아보니

여기저기 피어난 꽃들

이제 곧 하늘에서 법정이 열리겠구나

문상길 중위, 손순호 하사가

오매불망 기다리던

하늘의 법정이 열리겠구나

피 묻은 수의 대신

하얀 저고리에 검정 두루마기 차려입고

웃으며 법정으로 들어서겠구나

하늘의 법정은 매우 넓어

어머니의 뜻을 받들어

항소를 포기한 안중근 동지부터

수많은 독립투사

이덕구 문상길 4·3 영령들

광주 영령들

민주화를 위해 싸웠던 종철이 형, 한열이 형

많고 많은 영령들이

그 넓은 법정을 가득 채우겠구나
모두 얼싸안고 덩실춤을 추겠구나
하늘의 법정이라
방청할 수가 없음이 안타깝구나
대나무 꽃 필 때 열린다는 하늘의 법정
광명정대한 공판 기록으로
진실의 역사가 다시 쓰이겠구나

해설

벽시壁詩의 시대를 걸어가는 시인

조미경

소설가

벽시壁詩의 시대를 걸어가는 시인

조미경

소설가

양동림의 시는 쉽다. 그의 첫 시집 『마주 오는 사람을 위해』와 두 번째 시집 『여시아문(如是我聞)』을 읽은 독자들이 공통적으로 보인 반응이다. 이 반응에는 시에 대해 우리가 일반적으로 갖고 있는 통념-시는 어렵고, 해석의 문턱이 높다는 믿음-을 위배했다는 당혹감이 어느 정도 내포되어 있다. 시를 읽는다는 것은 시인이 불완전한 언어로 구축한 세계에 가 닿으려는 행위이며, 그 과정은 본래 쉽지 않다. 우리는 종종 해석의 실패를 감수하면서 곰곰이 곱씹는 일 자체를 시 읽기의 묘미로 여긴다.

그러나 양동림의 시는 그러한 난해함의 장벽을 세우지 않는다. 그의 시는 명료하게 읽히고, 때로는 언어의 통찰이 번득인다. 그렇다고 해서 그의 시가 가볍거나 단순하다는 뜻은 아니다. 오히려 그 명료함은 현실을 정면으로 응시하려는 태도에서 비롯된 것으로, 불투명한 현실을 외면하지 않으려는 윤리적 감각의 표현이다. 그는 언어를 수사적 장식이 아닌 삶의 증언으로 사용하며, 복잡한 사유를 가능한 한 투명한 말로 번역한다. 그의 시에서 '쉬움'은 치열하게 시어를 벼리지 못한 시인의 나태에서 온 것이 아니라 시인이 진중하게 간파한 세계의 명암을 명확하게 드러내기 위한 의지가 언어로 형상화된 결과다. 세계를 투명하게 바라보려는 시인의 결단에서 비롯된 '쉬움의 미학'은 시가 현실의 어둠 속에서도 길을 밝히며 존재해야 하는 이유를 다시 일깨운다.

양동림의 시 세계를 이해하기 위해서는 그의 청년기를 주목해야 한다. 1986년 제주대학교 사범대학 과학교육과에 입학한 그는 강의실보다 광장에서 더 많은 시간을 보냈다. 그를 광장으로 이끈 것은 대학 문학동아리 '신세대'였다. 선배들과의 스터디를 통해 사회과학 서적과 문학 텍스트를 읽으며 사회의 불평등에 눈뜨게 되었고, 문학이 현실 속에서 어떤 역할을 해야 하는가를 고민하기 시작했다. 당시 교정은 '호헌철폐, 독재타도!', '발령 적체 해소하라! 우리도 선생님이 되고 싶다!'는 구호로 가득했다. 5·18 민주화운동의 진상규명, 군부독재 종식, 제주 4·3의 진상규명, 교사 발령 적체 해소 등 시대의 절박한 요구 속에서 그는 더 이상 강의실 안에 머물 수 없었다. 사범대학 홍보부장을 맡아 집회를 조직하고 투쟁을 주도하다 여러 차례 경찰에 연행되기도 했다.

그의 대학 시절은 민주화운동의 격랑 속에서 문학의 힘이 세상을 바꿀 수 있는지를 모색한 시간이기도 했다. 그는 대학문학동아리 '신세대' 활동을 통해 4·3을 다룬 시극을 무대에 올리고, 거리 전시를 통해 독자와 직접 호흡하며 문학과 예술의 사회적 가능성을 실험했다. 개인의 꿈보다 사회 변혁이 우선이었던 당시의 청춘들은 "하얀 도화지 대신 광목천을 사고/ 물감 대신 페인트를 사"서 자신의 꿈으로 도약할 수 있는 "미전"에 낼 그림을 포기하고 "걸개그림만 그려서 광장에 내걸"었다. 이들의 목소리와 예술적 실천은 한국 사회의 민주화를 앞당기는 데 일정한 역할을 했으나 시인은 "부모의 꿈"이었던 "교사의 꿈"을 이루지 못하고 결국 "건설 노동의 현장에서" "붓" 대신 "망치를 들"어야 했다(「내가 좋아하는 화가」).

1970년대 후반에서 1980년대 전반에 이르는 시기, 한국 문학에서 가장 주목할 만한 현상 가운데 하나는 '벽시(壁詩)'의 등장이었다. 민주화운동과 저항문학의 흐름 속에서 형성된 벽시는 제도권 문학의 한계를 넘어선 거리의 언어이자, 억압된 현실을 고발하는 민중의 발화였다. 1980년대는 사회적 발언과 시적 실천이 가장 뜨겁게 교차한 시기로, 이른바 '벽시의 시대'라 불릴 만큼 그 영향력이 뚜렷했다. 검열과 탄압이 일상화된 상황에서 시인과 시민들은 인쇄물을 대신해 벽을 지면으로, 거리와 공장을 시의 무대로 삼았다. 벽시는 단순한 예술적 표현을 넘어 민주화를 향한 집단적 외침이자 현실 변혁의 도구로 기능했고, 그 결과 시의 언어는 간결하고 직설적인 방향으로 수렴되었다.

양동림은 바로 그 벽시의 시대를 통과해 온 시인이다. 누군가 벽시의 시대가 이미 끝났다고 선언하더라도, 그는 여전히 그 시대의 정신을 걷고 있다. 1980년대 후반, 검열이 완화되고 출판 자유화가 이루어지면서 벽시는 점차 잡지와 시집 속으로 흡수되었다. 형식적으로 보면 양동림은 시대에 뒤처진 시인일지도 모른다. 그러나 그가 시집 속에서도 벽시의 현장을 구현하려는 태도는, 시대착오적 집착이 아니라 시가 본래 감당해야 할 사회적 책임을 끝내 포기하지 않으려는 의지의 표현이다. 벽시가 사라진 시대에도 여전히 말해야 할 벽이 존재하며, 침묵을 강요당한 이들의 목소리가 남아있음을 그는 알고 있다. 그는 거리의 구호를 시의 세계 안으로 옮겨오되, 그것이 다시 현실의 벽을 울리도록 한다.

　그의 시에서 '쉬움'은 누구나 이해할 수 있는 언어로 시대의 고통을 나누려는 민주적 감각이다. 그는 문학이 제도와 시장의 울타리 안에서 고립되어 가는 현실 속에서도, 시가 여전히 '사람을 향한 말'로 남아야 한다는 신념을 견지한다. 「자서(自序)」에서 밝히고 있듯이 그는 자신의 시를 세상에 "밥 한술 던지는 마음으로", "뭔가를 보태고 싶은 마음"으로 한 글자 한 글자 써 내려간다. 혹여 자신의 시가 시대의 "오염물"이 되지 않기를 간절히 바라면서 사회의 변화를 꿈꾼다. 그런 의미에서 양동림은 벽시의 시대를 지나온 마지막 세대이자, 그 정신을 오늘의 언어로 다시 새기려는 시인이라 할 수 있다.

　1980년대를 건너며 시인은 두 눈을 부릅뜨고 암울한 사회 현실을 직시하고자 했다면, 오늘의 시인은 '세계란 무엇인가'라는 근본적 물음을 새롭게 던지고 있다. 이는 더 이상 세계가 억압과 저항, 지배와 피지배의 단선적 구도로 환원될 수 없는 시대에 우리가 들어섰기 때문이다. 사회는 복잡하게 분화되고,

변화의 동인들은 가시적 질서 아래에서 은밀히 작동하는 힘의 구조 속으로 숨어들었다. 이제 시인은 외부 현실의 폭력보다 그 폭력이 작동하는 보이지 않는 세계의 논리를 탐색한다.

당신의 처음을 알지 못한다/ 공중에 부유하는 존재들을 모두 끌어안고/ 맨얼굴로 낙하하는 간헐적 반성이었다가/ 오랜 기도에 지쳐/ 온몸으로 땅을 뚫고 힘차게 솟아나는 항거(抗拒)였다가/ 딱딱하고 거대하게 흐르다 서서히 녹아가는/ 맥 풀린 시대정신이었다가/ 한 해를 마감하는 가지 위에 살포시 무게를 더하는/ 차가운 솜털이었다가/ 땅 위를 구르는 거친 손등이 말끔히 씻기는/ 해 떨어진 저녁이었다가/ 반드시 돌아오리라, 잊지 말고 기다리라 해놓고/ 끝내 돌아오지 않는 어린 군인의 약속/ 그 군인의 어미이다가, 애인이다가/ 거대한 발전기를 돌려 도시를 깨우는 빛이었다가

- 「당신은 물이다」 전문

시인은 세계를 '물'에 비유하며 그 근원을 알 수 없다고 고백한다. 그가 탐색하는 세계는 물처럼 유동적이고 다층적이며, 불완전함과 압도적 힘을 동시에

내포한다. 세계는 이를 인식하거나 변화시키려는 주체에 따라 끊임없이 모습을 바꾼다. 이를테면 세계는 "공중에 부유하는 존재들을 모두 끌어안"는 포용의 형태를 띠다가 곧 "맨얼굴로 낙하"하는 반성의 순간으로 변모한다. "온몸으로 땅을 뚫고 힘차게 솟아나는 항거"는 변화의 에너지가 되었다가 이내 "맥 풀린 시대정신"으로 굳어버린다. 거대한 세계는 누군가에겐 "차가운 솜털"이 되기도 하고, "거친 손등이 말끔히 씻기는/ 해 떨어진 저녁"이 되기도 한다. 이렇게 세계는 저항과 정지, 긴장과 이완의 순환 속에서 자신의 질서를 만들어낸다.

양동림의 시에서 세계는 더 이상 특정한 이념이나 역사적 방향성으로 환원되지 않는다. 그것은 '물'처럼 잡히지 않으면서도 모든 존재를 관통하고 감싸는 유동적 실체로 나타난다. 그러나 시인은 이러한 유동성과 변화의 이면에 잠복한 폭력과 상실을 예리하게 감지한다. "반드시 돌아오리라"는 약속을 남기고 끝내 돌아오지 못한 어린 군인의 존재는 오늘날 세계 곳곳에서 되풀이되는 참혹한 전쟁을 환기하고, "거대한 발전기를 돌려 도시를 깨우는 빛"은 자본주의 체제가 작동시키는 문명과 폭력의 이중 구조를 드러낸다. 변화무쌍한 세계는 어린 군인의 피와 그의 어머니, 연인의 눈물, 그리고 자본주의의 화려한 "빛"에 가려진 그림자를 연료 삼아 끊임없이 움직인다. 시인은 물처럼 형태를 바꾸며 흐르는 세계 속에서도 그 이면에 숨어 있는 억압과 폭력의 실체를 날카롭게 응시한다.

그는 「거울 속 그 사람」과 「유리창」에서 반복적으로 '거울'을 매개로 세계를 새롭게 인식하려 시도한다. 표제작 「거울상 이성질체」에서는 이러한 인식의 방향이 한층 분명해진다. '거울상이성질체(Enantiomer)'는 오른손과 왼손처럼 서로 닮았으나 입체적 방향이 반대여서 포개질 수 없는 두 분자를 가리킨다. 겉으로는 동일한 물질처럼 보이지만, 놓인 환경에 따라 전혀 다른 화학적 반응을 일으킨다는 점에서 이는 '같지만 다른' 존재의 은유로 기능한다. 시인은 이 과학적 개념을 시적 사유의 장으로 전유함으로써, 닮았으나 결코 일치할 수 없는 타자적 관계의 긴장을 탐구한다.

> 같지만 다른 것이고 다르지만 같은 거라는/ 네 말은/ 화학시간의 거울상 이성질체처럼/ 좀처럼 이해되지 않지만/ 같은 듯 다른 사람과/ 다른 듯 닮은 사람이 살아가는 곳에/ 너와 내가 서 있다는 것쯤은 안다//

너는 손거울 속에서/ 반대편에 있는 나를 봤다고 했
다/ 모두가 오른쪽으로 달려갈 때/ 왼쪽으로 걸어가
는 닳아빠진 구두 뒤축도/ 거울로 비춰보면 전혀 문
제가 안 된다고 했다// 네가 날마다 들여다보는 거
울 안에서/ 나는 무거운 새벽을 끌며 오른쪽으로 걸
었겠지/ 왼손으로 악수하고/ 왼쪽으로 가르마를 타
는 사람들과 멀어지면서/ 왼뺨에 패인 우물 안, 살짝
고인 어둠을/ 왼쪽 눈동자로 흘겨보는 사람들과/ 등
으로 마주하면서// 어느 쪽이 거울 밖 세상이고/ 어
느 쪽이 거울 안 세상인지/ 좀처럼 알 수 없는 네 말
에서/ 어우러진다는 것을 감각하는 게/ 얼마나 어려
운 것인지/ 왼손으로 고백한다

- 「거울상 이성질체」 전문

시적 화자는 "같지만 다른 것이고 다르지만 같은 거라는" '너'의 말을 통해 관계의 역설을 수용한다. 인간 존재는 서로 닮았으나 결코 동일할 수 없으며, 세계는 이 차이를 주체와 타자로 구획한다. 그는 '거울'을 통해 자아와 타자의 위치가 언제든 전환될 수 있음을 포착한다. "모두가 오른쪽으로 달려갈 때" 거울 속의 세계는 "왼쪽으로 걸어가는 닳아빠진 구두 뒤축"을 드러내며, 주류 질서의 반대편에서 타자의

존재를 복원한다. 화자는 '너'의 거울 안에서만 "무거운 새벽을 끌며 오른쪽으로 걸"어 주류 질서 속으로 편입할 기회를 얻는다. 그러나 그것조차 절대 쉽지 않다. 거울을 통한 인식의 전환에도 불구하고, 시인이 꿈꾸는 세계는 누군가를 타자로 밀어내는 "거울 밖 세상"이나 "거울 안 세상"이 아니다. 그는 현실 속에서 늘 타자의 위치에 놓이지만, 그럼에도 "어우러진" 세계를 상상한다. 그러나 "어우러진다는 것을 감각하는 게/ 얼마나 어려운 것인지"라는 고백은, 이러한 세계가 현실적으로 결코 쉽게 도달할 수 없는 이상임을 암시한다.

이처럼 시인은 '거울상이성질체'가 보여주는 관계의 비대칭성과 불일치의 논리를 사회적 현실의 불평등 구조로 확장한다. 그는 끊임없이 타자화되는 세계에 주목하며, 양극화된 사회 속에서 소외되거나 배제된 존재들에게 애정 어린 시선을 보낸다. 그는 생계를 위해 "노동"해야 하는 사람과 건강 유지를 위해 "운동"하는 사람을 대비시켜 경제적 불평등이 개인의 삶을 어떻게 구획하고 차별하는지를 노골적으로 드러낸다(「닮은 듯 다른 우리」). 또한 '연필심'과 '휴지심', "반찬통"과 "휴지통" 등 유사한 기능을 수행하는 사물을 병치함으로써 사회적 조건에 따라 달라지는 가치의 위계를 섬세하게 포착한다(「두루마리휴지」). 이러한 일상의 사물과 행위 간 대비는 경제적·사회적 지위가 인간의 존재 방식에 스며드는 과정을 효과적으로 시각화하며, 권력과 자본이 만들어내는 불평등한 현실을 드러낸다.

나아가 「줄」 연작시와 「데칼코마니」 등에서 시인은 사회의 양극단에 놓인 인물들을 반복적으로 형상화한다. '닮음'과 '다름', '대칭'과 '비대칭'의 관계를 통해 오늘의 세계가 타자화와 배제의 논리 위에 세워져 있음을 보여주는 것이다. 이는 구조적 불평등의 현실을 감각적으로 재현하며, 독자가 사회적 불평등과 배제의 구조를 직시하도록 요청하는 시인이 비평적 의식이 반영된 결과다. 이러한 시적 태도는 자본주의 사회의 화려한 외피 속에서 삶의 위협을 받는 이들이 점점 더 보이지 않게 되는 현실 인식에 근거한다. 산업화 이후 한국 사회는 경제적 풍요를 근대화의 신화로 포장하며 생존의 경계에 놓인 존재들을 의식의 바깥으로 밀어냈다. 시인은 자본주의적 욕망이 타자의 고통과 희생 위에 구축되어 있음을 비판하고, 생존의 본능인 '식욕'이 체제 내부에서 어떻게 '과잉된 욕망'으로 전도되는지를 예리하게 포착한다(「혀1」, 「푸아그라」). 그는 경쟁주의 사회 속에서 끊임없이 자신의 존재를 증명해야 하는 이들의 불안과 결핍을 응시하며, 그들에게 체제의 논리에서 벗어나려는 자발적 이탈의 가능성을 모색한다. 그러나 그들을 옭아매는 구조는 여전히 견고하다(「운전 2」, 「운전 3」).

> 송곳을 갖고 있습니다/ 애착인형 같은 것입니다/ 주머니에 넣고 다니며/ 만지작거릴 것입니다/ 꼬마 시절 지나가는 개가 달려들까 무서워/ 주머니에 넣어둔 작은 돌멩이 같은 겁니다/ 겁이 나도 주머니 속 돌멩이를 믿고/ 용감해지는 나였으니까요// 송곳은 세상이 내게 박아댄 못이었습니다/ 가슴을 후벼파던 못을 빼내서 갈고 갈았습니다/ 주머니에 넣어두니 내 허벅지만 찔러대지만/ 그래도 아프니까 안심이 되는/ 그런 송곳을 만들었습니다/ 혹여 하늘이 무너지면 구멍을 뚫을/ 송곳을 갖고 있습니다
>
> - 「송곳」 전문

「송곳」에서 시인은 견고한 체제 속에서 인간이 취할 수 있는 가장 내밀한 저항의 형식을 제시한다. 화자는 "세상이 내게 박아댄 못"을 "빼내서 갈고 갈"아 세상에 맞서는 "송곳"을 만든다. 송곳은 외부의 폭력으로 생긴 상처이지만, 그 상처를 단련해 다시 세계

를 뚫을 도구가 된다. 화자는 그것을 "주머니에 넣고 다니며/ 만지작거"린다. 그것이 "내 허벅지만 찔러대"는 고통으로 돌아오더라도, 오히려 "아프니까 안심이 되는" 역설적 위안을 느낀다. 이는 세상의 폭력에 무력하게 굴복하지 않으려는 주체의 내적 의지이자 자기 존재를 확인하는 감각적 증거로 읽힌다. 결국 송곳의 이미지는 체제의 균열을 뚫는 직접적 도구라기보다 세상이 남긴 상처를 반복적으로 환기하며 구조적 폭력을 각인하는 '내면의 무기'에 가깝다. 시인은 "혹여 하늘이 무너지면 구멍을 뚫을" 수 있는 그 송곳을 마련하며 새로운 세상에 대한 희망을 저버리지 않는다.

　시인은 경쟁의 굴레 속에서 "남보다 빨리 가야 할 종착지는/ 어디인가요?"라 물으며(「선착순」), "구인란에 다른 것은 다 빼고/ 당신의 미래를 쓰세요 하는/ 미래설계서가 필요한 세상"이 도래하길 염원한다(「이력서」). 「구름을 알려주세요」에서 시인은 변화무쌍한 "구름" 같은 세계에 순수한 호기심과 그가 희구하는 세상을 노래하는 것처럼 보인다. 그곳은 "어릴 때 만지작거리던/ 어머니 젖가슴"을 닮았으며 "만지면 포근해지는" 장소로 상상된다. 그러나 시가 창작된 배경을 살펴보면 이러한 상상은 시인의 경험에서 비롯된 현실적 감각과 맞닿아 있음을 알 수 있다.

시인은 매주 농아복지관에서 바둑을 가르치는데, 어느 날 시청각 장애인이 복지사에게 구름에 관해 물었다. 볼 수도, 들을 수도 없는 그가 세상에서 가장 궁금했던 것은 '구름'이었다. 복지사는 그에게 구름을 설명하기 위해 다양한 재료를 동원해 구름을 만들어 보여주었다. 복지사가 아무리 구름을 재현하려고 해도 장애인에게 구름의 실체를 제대로 설명할 수 없다. 중요한 것은 장애인의 요청에 응답하기 위해 노력하는 복지사의 노력일 것이다.

시인은 이러한 경험을 통해 우리가 지향해야 할 세계를 구체화했을 것이다. 시인이 유독 장애인의 소외에 주목하는 이유이기도 하다. 세상의 고통과 두려움에서 구원과 위안을 제공하는 "어머니가 집으로 오는 올레" 같은 세상(「올레」). 농아인 문씨가 "귓속말"로 사람들과 소통하고 싶은 마음이 이루어지는 세계. 시인은 이러한 상상을 구체적으로 형상화한다. 이를 위해 그는 자신의 예민한 감각을 깨워 "요란"한 "들리지 않는 바둑돌 소리"를 듣는다(「귓속말」). 「하얀 지팡이 나라」에서 시인이 묘사하는 세계는 "꿈"만으로도 "너무나 좋은 세계", 즉 "안 보이는 사람들의 사랑의 나라"이다. 시인은 과학과 기술 발전이 단순히 자본을 추구하는 데 머물지 않고, 장애가 있는 이들의 삶을 조금이라도 윤택하게 만드는 방향으로 활용되기를 소망한다. 이는 현실의 소외된 존재들을 포용하려는 시인의 사회적 상상력이 반영된 결과다.

양동림의 시는 자아의 탐구나 문학적 실험에 머무르지 않는다. 그는 오늘의 세계가 과거와 달리 얼마나 복잡하게 변화했는지를 탐색하며, 그 과정에서 드러나는 구조적 폭력과 사회적 불평등을 시적 언어로 생생하게 보여준다. 경쟁과 자본주의가 만들어낸 고통과 소외 속에서 인간이 취할 수 있는 내적 저항과 희망, 그리고 포용적 세계에 대한 상상은 구체적 시적 장치로 구현된다. 그의 명료하고 쉬운 언어는 독자가 세계를 작동시키는 구조적 문제를 명확히 이해하도록 돕기 위한 의도된 선택이다.

양동림은 여전히 벽시의 시대를 걷는다. 1980년대를 지나서 2025년의 현실에 다다랐음에도, 사회의 어두운 구석과 타자의 고통은 사라지지 않았다. 그는 문학의 힘을 믿으며, 벽시의 시대를 지나온 경험과 민주화운동 속에서 형성된 사회적 감각을 자신의 시에 묵묵히 투영한다. 독자가 타자의 위치와 삶의 조건을 직접 체감하도록 하고, 이를 통해 함께 살아가는 세계를 성찰하도록 이끈다. 거대하고 육중한 세계를 변화시키기에는 개개인의 노력은 제한적이지만, 그는 반복적으로 독자들에게 함께 "촛불"을 켜자고 호소한다(「빈자일등(貧者一燈) 1·2·3·4·5·6·7」).

따라서 양동림의 시는 오늘날 한국 사회의 현실을 비판적으로 이해하도록 돕는 지적·감각적 통로이자, 시인이 지켜온 시대적·사회적 책임을 확인하게 하는 문학적 증언으로 평가할 수 있다. 그의 시에서 '쉬움'은 복잡한 현실을 직시하고 타자와 세계를 올바로 이해하려는 시적 윤리의 구현이다. 이처럼 양동림의 시는 현실의 불투명함 속에서도 인간적 연대와 사회적 성찰의 가능성을 지속적으로 보여준다.

양동림

태손땅 납읍에서 나고 자랐다.
제주작가회의, 애월문학회 회원으로 시를 쓰며
방과후교실에서 어린이들에게 바둑을 가르친다.
현대해상에서 보험 판매원으로 일하고 있다.
시집으로 『마주 오는 사람을 위해』, 『여시아문(如是我聞)』,
『거울상 이성질체』가 있다.
saranamgi@hanmail.net

거울상 이성질체

2025년 11월 19일 초판 1쇄 발행

지은이   양동림
펴낸이   김영훈
편집인   김지희
디자인   김영훈
편집부   이은아, 부건영
펴낸곳   한그루
　　　　출판등록 제651-2008-000003호
　　　　제주특별자치도 제주시 복지로1길 21
　　　　전화 064 723 7580 전송 064 753 7580
　　　　전자우편 onetreebook@daum.net 누리방 onetreebook.com

ISBN 979-11-6867-249-9 (03810)

ⓒ 양동림, 2025

저작권법에 따라 보호를 받는 저작물입니다.
어떤 형태로든 저자 허락과 출판사 동의 없이 무단 전재와 복제를 금합니다.
잘못된 책은 구입하신 곳에서 교환해 드립니다.

이 책은 제주특별자치도와 제주문화예술재단의
2025년 제주문화예술재단 지원사업 후원을 받아 발간되었습니다.

값 10,000원